AF452326

RAPPORT

SUR

LA PALÉONTOLOGIE DES ALPES-MARITIMES,

PAR M. ÉMILE RIVIÈRE.

RAPPORT

SUR

LA PALÉONTOLOGIE DES ALPES-MARITIMES,

PAR M. ÉMILE RIVIÈRE.

19 février 1873.

Monsieur le Ministre,

J'ai l'honneur de vous adresser le premier rapport qui suit sur le résultat des études paléontologiques auxquelles je me suis livré jusqu'à ce jour, en vertu de la mission scientifique que vous avez daigné me confier dans les Alpes-Maritimes, par arrêté en date du 14 août 1872.

Le département des Alpes-Maritimes, constitué par quelques cantons de l'ancien département français du Var, par le comté de Nice et une portion du territoire de la principauté de Monaco annexés à la France en 1860, a été jusqu'à présent fort peu étudié au point de vue géologique et paléontologique. Parmi les travaux publiés, travaux actuellement encore peu nombreux, je citerai un mémoire de M. T. de la Bèche[1], plusieurs mémoires de A. Sismonda[2], une étude des fossiles nummulitiques du comté de Nice par L. Bellardi[3], plusieurs monographies de M. Gény, de Nice[4], un travail de M. de Villeneuve Flayosc, enfin une importante étude

---

[1] T. de la Bèche, *De la géologie de la côte et des environs de Nice jusqu'à Vintimille.* Londres, 1828.

[2] A. Sismonda, *Osservazioni geologiche sulle Alpe Marittime e sugli Appennini Liguri.* Turin 1841; *Bulletins de la Société géologique de France,* 2ᵉ série, t. III et XII.

[3] L. Bellardi, *Catalogue raisonné des fossiles nummulitiques du comté de Nice.* (*Mémoires de la Société géologique de France,* 2ᵉ série, t. IV, 1852.)

[4] P. Gény, *Mémoire relatif au diluvium marin; — Mémoires sur certaines ammonites du département des Alpes-Maritimes;* Comptes rendus du Congrès scientifique de France, trente-troisième session. Nice, 1866.

géologique sur le delta du Var, en ce moment sous presse, par M. A. de Chambrun de Rosemont [1].

Dès mon arrivée dans les Alpes-Maritimes j'ai commencé mes explorations en étudiant tour à tour les localités suivantes :

Nice. — J'ai trouvé une brèche osseuse analogue à la brèche osseuse de Nice, décrite par Cuvier, non plus à la colline du Château, située entre le port et la rivière du Paillon, où on en retrouve aujourd'hui difficilement la trace, mais à l'est de la ville au quartier Lympia, au-dessous de la nouvelle route de Villefranche, dans la propriété du Dr Lefèvre. Celui-ci, dans les travaux qu'il fit faire pour la construction d'un établissement hydrothérapique, a mis à nu, à vingt-huit mètres environ au-dessus du niveau de la mer, une brèche rouge brique, compacte, très-dure, renfermant de nombreux ossements et des dents d'animaux, mais jusqu'à présent, m'a-t-il dit, aucun silex.

Dans la brèche osseuse de Nice Cuvier décrit un os humain, « fragment de mâchoire supérieure où l'on voit une partie du bord alvéolaire avec des restes de trois mâchelières et l'alvéole d'une quatrième qui est la dernière ; en arrière il reste quelque chose des ailes ptérygoïdes. Les dents étaient fort usées, et en partie cassées ou cariées avant d'être incrustées de stalactite. L'incrustation est très-mince, à grain salin et d'une teinte jaunâtre. » Mais, ajoute-t-il, « il n'appartient vraiment point au même ordre de phénomènes que la plupart des os de la brèche de Nice [2]. »

De plus M. Gény, le naturaliste de Nice dont le nom forcément revient souvent sous ma plume, car il est de tous celui qui a le plus longtemps étudié les Alpes-Maritimes, a trouvé il y a quelques années dans cette même brèche du Château « un fragment de silex ouvré comparable aux silex taillés de Baussi Rossi » ou grottes de Menton [3].

[1] A. de Chambrun de Rosemont, *Études géologiques sur le Var et le Rhône pendant les périodes tertiaires et quaternaires ; leurs deltas, la période pluviaire, le déluge.* Paris, 1873.

[2] G. Cuvier, *Recherches sur les ossements fossiles*, 4ᵉ édition, 1835, tome VI, pages 384-385.

[3] Gény, *Mémoire sur l'existence de l'homme avant la formation de la brèche osseuse de Nice*, page 94. (Comptes rendus du Congrès scientifique de France, 33ᵉ session. Nice 1867.)

Cette mâchoire humaine trouvée par Cuvier, ce silex taillé recueilli dans les mêmes gisements par M. Gény, ne pourraient-ils pas permettre aujourd'hui de supposer que cette brèche aurait été formée par des accumulations de détritus dus à l'occupation de la colline du Château par des peuplades préhistoriques, et les animaux, ruminants et carnassiers, dont les ossements ont été décrits par Cuvier en cet endroit, ne seraient-ils pas contemporains de l'homme en ces mêmes lieux, ainsi que nous le voyons, soit au plateau préhistorique du cap Roux de Beaulieu, soit dans les cavernes des Baoussé-Roussé ou de Menton.

Je me bornerai seulement ici, Monsieur le Ministre, à émettre cette hypothèse sans oser aller au delà, et n'ayant pas, du reste, non plus encore les éléments nécessaires pour le faire.

Beaulieu. — Beaulieu est un village des Alpes-Maritimes situé au bord de la mer, à peu de distance de Villefranche, entre cette localité et Monaco.

C'est dans le courant du mois de novembre dernier que j'y ai découvert une nouvelle station préhistorique des mêmes peuplades que celles des grottes de Menton. Cette station n'est pas formée par une série de grottes, mais elle est un plateau d'habitation abrité par le sommet de la montagne connue sous le nom de Roche rouge ou montagne du cap Roux, sommet dont l'altitude est de 120 mètres environ.

Le cap Roux, situé à égale distance des stations de Beaulieu et d'Eza (chemin de fer de Marseille à la frontière d'Italie), forme une avancée dans la Méditerranée divisant celle-ci en deux petites baies nommées dans le pays mer de Beaulieu et mer d'Eza. Il est formé par une roche calcaire dolomitique perforée par places par des mollusques lithophages, et présentant des failles remplies par une brèche compacte, blanche, généralement fort dure, brèche d'empâtement dans laquelle on trouve jusqu'à plus de trente mètres au-dessus du niveau de la mer des mollusques d'espèces encore actuellement vivantes dans la Méditerranée; je citerai, entre autres espèces, certains *Trochus* qui ont conservé leur coloration violacée, coloration tranchant nettement sur la teinte blanche générale de la brèche.

J'en ai recueilli quelques beaux exemplaires avec les fragments de brèche auxquels ils sont cimentés.

C'est au pied de cette roche qui leur forme, en les surplombant, un véritable abri, et à 28 mètres au-dessus du niveau de la mer (hauteur prise au baromètre), que j'ai découvert les nouveaux foyers d'habitation préhistorique. Ces foyers s'étendaient sur une longueur de 60 mètres et une largeur de 14 à 15 mètres, antérieurement aux travaux récemment exécutés par les ponts et chaussées pour la continuation de la route nationale n° 7, route de Nice à Monaco; ces travaux en coupant en talus le plateau du cap Roux ont mis à nu cette nouvelle station.

Dans les premiers jours du mois de juin 1872 un employé des ponts et chaussées chargé de la surveillance des travaux de la route, M. d'André, s'aperçut pour la première fois que les déblais de la tranchée renfermaient des ossements d'animaux associés à des coquilles et à des silex; il recueillit un certain nombre de ces objets, mais sans en tirer, faute de connaissances scientifiques suffisantes, d'autre conséquence archéologique ou paléontologique que de considérer « les ossements comme ayant appartenu très-probablement, dit-il, à des animaux antédiluviens [1]. »

Les fouilles minutieuses auxquelles j'ai fait procéder en ma présence pendant plus de six semaines, faisant baisser le niveau du plateau par couches de 25 à 30 centimètres d'épaisseur seulement à la fois, et faisant aussi passer au crible toute la terre au fur et à mesure qu'elle venait d'être explorée, ont été pratiquées sur une largeur de 4^m,20, une longueur de 3^m,80 et une profondeur de 5^m,15, et m'ont donné dans cette masse de plus de 80 mètres cubes de déblais les résultats suivants.

---

[1] « Une découverte, qui doit vivement intéresser les naturalistes et les géologues en particulier, vient d'être faite au cap Roux, près Beaulieu. Depuis quelques jours que l'on a repris les travaux pour la continuation de la route nationale n° 7 de Nice à Monaco, des ouvriers occupés aux terrassements rencontrent une certaine quantité d'os d'animaux très-probablement antédiluviens, ou tout au moins ayant appartenu à une époque remontant à quelques milliers d'années si l'on s'en rapporte au temps qu'il a fallu pour que les incrustations de la pierre vive sur ces débris aient eu lieu. Quelques fragments de tibia mesurent jusqu'à 15 millimètres d'épaisseur; on trouve aussi des coquillages et des silex; deux morceaux de mâchoire de carnassiers ont les dents bien émaillées, des dents isolées d'autre genre mesurent sans être entières 7 centimètres de longueur sur 3 centimètres de largeur. Tous ces débris se trouvent sur une longueur de 25 à 30 mètres, et depuis 25 centimètres jusqu'à 4 mètres et plus de profondeur. » (Lettre du 11 juin 1872.)

Le plateau du cap Roux n'est recouvert que de rares brous-
sailles ; sa largeur actuelle n'est plus que de 4^m,50 depuis qu'il
a été coupé par la nouvelle route. Le sol a été autrefois remanié
sur une profondeur de 1^m,70 pour des plantations; cette première couche superficielle est formée par une sorte de terre vé-
gétale dans laquelle on trouve çà et là quelques silex brisés ou
taillés et quelques fragments osseux provenant certainement
du foyer qui lui est subjacent, et s'est trouvé entamé par les travaux de culture. On y rencontre aussi associés à des patelles et
à des hélix récentes un certain nombre d'os de rongeurs appartenant au *Lepus cuniculus.*

C'est au-dessous de cette couche que commence à apparaître la
partie du foyer non remaniée alors, foyer constitué régulièrement
par de la cendre, du charbon, des ossements, des dents, des coquillages et des silex, en un mot par les détritus de la vie, au milieu
desquels on trouve parfois quelques blocs d'éboulement provenant
de la partie supérieure de la montagne à laquelle est adossé le
plateau et de nombreux fragments de pierres brisées dus aux effri-
tements de la roche.

Les ossements recueillis dans ce premier foyer, dont la hauteur
est de 1^m,40, sont représentés bien plus par des diaphyses brisées
et fendues par la main de l'homme, que par des fragments épi-
physaires, lesquels sont en très-petit nombre. Aussi la détermi-
nation en est-elle des plus difficiles.

Les ossements et les dents appartiennent aux espèces animales
suivantes[1] :

MAMMIFÈRES.

1° *Ruminants.* — Bos primigenius, Cervus elaphus, Cervus
capreolus, Cervus corsicus ou corsicanus, Capra primigenia.

2° *Pachydermes.* — Equus, une seule dent; Sus scrofa, deux
dents molaires.

3° *Rongeurs.* — Lepus cuniculus, très-peu de débris.

---

[1] Les dents de 7 centimètres de longueur, dont parle M. d'André, sont des
dents de cheval, et le fragment osseux qu'il indique n'est autre que la diaphyse
d'un os de bœuf. Quant aux dents de carnassiers, elles ne sont plus en la pos-
session de celui qui les avait trouvées, je ne puis donc dire à quels animaux elles
appartenaient.

MOLLUSQUES.

Les mollusques, divisés en mollusques marins et mollusques terrestres, sont nombreux comme espèces, mais de chacune de celles-ci, je n'ai trouvé qu'un très-petit nombre d'exemplaires, parfois même un exemplaire unique ; les genres *patella* et *mytilus* prédominent surtout.

1° *Marins.* — Les mollusques marins constituent la série suivante : Patella, Pectunculus, Pecten, Murex, Rostellaria, Haliotis, Turritella, Cerithium, Dentalium, Cardium, Mytilus, Trochus, Pleurotoma.

2° *Terrestres.* — Les mollusques terrestres appartiennent tous au genre Helix.

Si les débris d'animaux sont peu nombreux, par contre les silex sont en grande abondance, soit à l'état d'éclats, soit taillés et plus ou moins entiers. Ils présentent des formes identiques à celles que j'ai signalées dans les grottes des Baoussé-Roussé, et la même taille plus ou moins rudimentaire. Les grattoirs et les racloirs sont rares ; les pointes et les lames se rencontrent beaucoup plus fréquemment, on trouve aussi quelques nuclei ; les éclats sont en très-grande abondance et sont un rebut de la fabrication ou proviennent d'instruments brisés. Aucun de ces silex n'appartient à l'âge de la pierre polie.

Quant aux instruments en os, ils sont à peu près nuls, et se composent seulement de deux poinçons dont la pointe est brisée, et de quelques autres ossements grossièrement taillés.

Je n'ai trouvé aucun fragment de poterie.

Immédiatement au-dessous du premier foyer on trouve une couche rouge très-friable, formée par une terre calcinée sans aucun ossement ni silex et de 15 centimètres environ d'épaisseur ; au-dessous de cette couche un dépôt terreux assez meuble, gris jaunâtre, sans aucune trace de cendre ni de charbon, et de 90 centimètres d'épaisseur ; ce dépôt renferme encore quelques silex taillés et des éclats, mais peu ou point d'ossements, si ce n'est un maxillaire supérieur brisé et une dent incisive, pièces appartenant toutes deux au *Cervus elaphus,* deux dents molaires de *Capra primigenia,* et un maxillaire inférieur de *Lepus cuniculus,* enfin quelques coquilles de mollusques représentées par trois *Patella,* un *Mytilus* et quatorze *Helix*. Quelques blocs éboulés et brisés provenant de la partie supérieure de la montagne gisent aussi çà et là au milieu de cette couche.

Enfin à 4^m,25 de profondeur au-dessous de la surface du plateau se montre un second foyer constitué comme le premier par de la cendre, du charbon, des ossements, etc., mais renfermant en plus quelques débris de carnassiers.

La faune que j'y ai rencontrée jusqu'à la profondeur de 5^m,15 à laquelle je suis parvenu, c'est-à-dire à 50 centimètres au-dessous du niveau de la route de Beaulieu, se compose des animaux suivants :

MAMMIFÈRES.

1° *Carnassiers.* — Ursus spelæus, une phalange trouvée à 4^m,60; Hyæna spelæa, un fragment de maxillaire supérieur gauche contenant l'avant-dernière molaire et une partie de la dernière molaire : je l'ai trouvé à 4^m,35.

2° *Pachydermes.* — Equus.

3° *Ruminants.* — Cervus elaphus, Cervus capreolus, Capra primigenia.

Dans ce second foyer les ossements sont généralement recouverts d'une gangue terreuse grise, très-difficile à détacher, et sont assez cassants. Aucun d'eux, sauf quelques phalanges, n'est entier, la plupart ont été brisés par la main de l'homme, comme dans les grottes de Menton, en trois fragments principaux, et les épiphyses très-rares sont dans la proportion de 5 à 6 p. o/o relativement aux fragments diaphysaires, lesquels ont été presque constamment fendus longitudinalement pour en extraire la moelle. Très-peu d'entre eux ont subi l'action du feu.

MOLLUSQUES.

Les mollusques sont les mêmes que dans le premier foyer; aucun d'eux ne me paraît avoir été perforé intentionnellement pour servir de parure, mais la plupart ont dû servir à la nourriture de l'homme.

Les silex sont moins nombreux; ils affectent la même taille que dans le foyer supérieur, mais paraissent moins bien finis, plus grossièrement ébauchés; ils ne me semblent pas cependant devoir indiquer une époque différente.

Quant aux instruments en os, ils se composent de trois poinçons, dont deux ont conservé leur pointe intacte. Ils ont été taillés dans des diaphyses.

En résumé, je crois pouvoir considérer dès maintenant, d'après les résultats acquis, la station préhistorique du cap Roux comme appartenant à la même époque que les grottes de Menton. Mais elle présente avec celles-ci cette différence, que les débris d'animaux sont beaucoup moins considérables (du moins jusqu'au niveau où j'ai fait pratiquer ces fouilles), indice soit d'un séjour moins long de ces peuplades, soit d'une tribu moins nombreuse; la faune y est également beaucoup moins importante. Par contre les silex sont des plus abondants.

Je n'ai trouvé aucun ossement humain.

Le plateau du cap Roux me paraît donc avoir été à la fois un plateau d'habitation des peuplades de l'époque paléolithique, un véritable abri sous roche, ainsi que l'indiquent les foyers explorés, et un atelier de fabrication d'instruments en pierre, comme semble le prouver la quantité si considérable de silex travaillés.

La Manda. — La Manda est un hameau situé sur la rive gauche du Var, à 12 kilomètres environ de son embouchure dans la mer. C'est là qu'a été découvert, il y a près de dix-huit mois, par M. Caméré, ancien ingénieur des ponts et chaussées du département des Alpes-Maritimes, un abri sous poudingue connu dans le pays sous le nom de *grotte de Manda,* dans lequel à la suite de quelques fouilles il a recueilli un certain nombre d'ossements et de dents ayant appartenu soit à des animaux de l'ordre des Carnassiers, genres Canis lupus et Canis vulpes; soit à des animaux de l'ordre des Ruminants, genres Bos, Cervus et Capra.

A la suite d'une première exploration dans cette localité, je me suis entendu avec le propriétaire du terrain pour y faire pratiquer prochainement aussi des recherches, avec les ouvriers nécessaires.

Biot. — La localité de Biot, connue par ses argiles pliocènes si riches en fossiles, bien qu'elle n'ait encore été, que je sache, l'ob-

jet d'aucun travail, d'aucune monographie [1], est représentée déjà
au Muséum d'histoire naturelle de Paris par un certain nombre
de fossiles, provenant d'un don fait par le savant secrétaire de la
Société des sciences naturelles, des lettres, et des beaux-arts de
Cannes et de l'arrondissement de Grasse, M. Macé. Elle m'a été
spécialement recommandée avant mon départ de Paris par M. le
professeur Deshayes, comme pouvant fournir aux collections du
Jardin des plantes une nombreuse et importante série de fossiles
de l'étage supérieur du terrain tertiaire.

En effet, dans les explorations que j'y ai faites, je suis parvenu
à recueillir un nombre assez considérable de mollusques fossiles
que j'énumérerai plus loin dans la liste qui comporte les principales espèces recueillies dans les différentes localités du département où j'ai retrouvé ce même étage.

Biot est situé à 8 kilomètres environ de la ville d'Antibes, au
centre d'une vallée assez large qui, d'une part, vient déboucher
dans la mer tandis qu'à l'extrémité opposée elle est fermée par
des roches trachytiques formant massifs. Dans les champs qui
l'environnent, principalement entre la rivière de la Brague et le
village même de Biot, on rencontre de nombreux silex roulés et
de toutes nuances, présentant par leur aspect une grande analogie
avec les silex éclatés ou travaillés qui ont été recueillis soit dans les
grottes de Menton ou des Baoussé-Roussé, soit dans les foyers du
cap Roux, de Beaulieu. Cette localité a pu être ainsi l'une des
sources principales des nombreux matériaux dont se servaient
pour la fabrication de leur armes et de leurs instruments les peuplades préhistoriques qui habitaient à l'époque paléolithique le
long de la Méditerranée, entre Nice et Menton.

Ces argiles affleurent presque le sol, elles sont exploitées sur
une grande échelle dans le pays. Elles présentent dans quelques
uns des puits d'extraction une puissance de 25 à 30 mètres. C'est
principalement dans les talus formés sur le bord de chaque puits
par les matériaux qu'on retire de chacun de ceux-ci que l'on peut
recueillir les fossiles, généralement bien conservés, que ces argiles
renferment.

[1] Si ce n'est la collection faite après trois années de recherches assidues dans
cette localité, par M. le docteur Battersby, et publiée par M. Alfred Bell, en
1870, dans le *Journal de Conchyliologie*; cette collection ne renferme pas moins
de 512 espèces.

Magnan. — Magnan est un hameau formé de maisons éparses au milieu de la campagne, à 7 ou 8 kilomètres de Nice, entre cette ville et Antibes. Il doit son nom au torrent qui coule dans une étroite vallée et se jette à la mer entre le Paillon de Nice et le Var. C'est surtout sur la rive droite de ce torrent que l'on exploite en carrières certaines argiles pliocènes aussi, jaunes et sablonneuses à la partie supérieure, bleues à la base et sur une assez grande hauteur. Cinq carrières sont actuellement en exploitation dans le vallon de Magnan pour la fabrication de la brique, sur un parcours de 6 à 700 mètres.

A l'encontre de celles de Biot que je viens d'étudier et surtout de celles de Castel d'Appio dont je vais bientôt parler, les argiles bleues de Magnan sont très-peu fossilifères malgré leur épaisseur qui s'élève cependant parfois jusqu'à 20 mètres. Elles sont surmontées d'autres argiles d'un mètre et demi d'épaisseur, jaunes, friables, sablonneuses, dans lesquelles on retrouve encore, mais en très-petit nombre, quelques-unes des espèces fossiles recueillies dans les argiles inférieures. Au-dessus de cette seconde couche sont enfin les cailloux roulés formant des poudingues considérables dont la hauteur varie entre 50 et 80 mètres.

Castel d'Appio. — Bien que cette localité ne dépende plus du département des Alpes-Maritimes, mais soit située en Italie au-dessus de Ventimiglia, à quelques kilomètres seulement de la frontière, j'ai cru devoir, Monsieur le Ministre, en raison de la richesse de son gisement et sur la recommandation de M. le professeur Deshayes, l'étudier et l'explorer à diverses reprises, et j'y ai recueilli pour les collections du Muséum, plus de deux mille fossiles se rapportant à près de deux cents espèces.

Castel d'Appio, de même que les localités précédentes, est caractérisé par les argiles jaunes et bleues du terrain tertiaire supérieur ou pliocène et par les poudingues de cailloux roulés. Ces argiles forment un véritable banc, dont la partie inférieure la plus considérable est bleue et la partie supérieure est jaune et sablonneuse. Mais je ne trouve vraiment de fossilifère, comme au Magnan, que les argiles bleues, tandis que la couche jaune ne renferme guère que des *Pecten* ou peignes.

Sans entrer ici dans plus de détails sur les argiles pliocènes des Alpes-Maritimes, je me bornerai à donner la liste des principaux fossiles recueillis dans les localités de Biot, de Magnan et de Castel d'Appio.

FOSSILES DES ARGILES PLIOCÈNES.

ANNÉLIDES.

Serpula.

MOLLUSQUES GASTÉROPODES.

Cancellaria.
Cerithium.
Chenopus.
Columbella.
Conus.
Dentalium.
Erato.
Fusus.
Mitra.
Murex.
Nassa.
Natica.
Odostomia.
Ovula.
Pleurotoma.
Pyramidella.
Ranella.
Ringicula.
Solarium.
Triton.
Turritella.
Typhys.
Vermetus.

MOLLUSQUES ACÉPHALES.

Arca.
Cardita.
Cardium.
Chama.
Corbula.
Cytherea.
Leda.
Limea.
Limopsis.
Ostrea.
Pecten.
Pectunculus.
Tellina.
Venus.

ÉCHINODERMES.

Cidaris.

Passant maintenant à un autre ordre de terrains, je citerai le nummulitique de la Murtola et de la Palarea, les terrains fossilifères de Saint-Romain et de Gorbio, lesquels, nécessitant que j'y fasse encore de nombreuses recherches, seront l'objet, Monsieur le Ministre, d'un rapport ultérieur.

Je vous prie d'agréer, Monsieur le Ministre, l'hommage de mon profond respect.

Émile Rivière.

Imprimerie Nationale. — Décembre 1873.